DU
PROVINCIALISME
ET DES INCONSÉQUENTS

PAR

M. CHARLES DES MOULINS,

SOUS-DIRECTEUR DE L'INSTITUT DES PROVINCES POUR LE SUD-OUEST, MEMBRE DE L'ACADÉMIE
IMPÉRIALE DES SCIENCES, BELLES-LETTRES ET ARTS DE BORDEAUX, ETC.

BORDEAUX

G. GOUNOUILHOU, IMPRIMEUR DE L'ACADÉMIE
11, RUE GUIRAUDE, 11

1864

DU

PROVINCIALISME

ET DES INCONSÉQUENTS

PAR

M. CHARLES DES MOULINS,

SOUS-DIRECTEUR DE L'INSTITUT DES PROVINCES POUR LE SUD-OUEST, MEMBRE DE L'ACADÉMIE
IMPÉRIALE DES SCIENCES, BELLES-LETTRES ET ARTS DE BORDEAUX, ETC.

BORDEAUX

G. GOUNOUILHOU, IMPRIMEUR DE L'ACADÉMIE
11, RUE GUIRAUDE, 11

1864

DU PROVINCIALISME

ET DES INCONSÉQUENTS

PAR M. CHARLES DES MOULINS.

I. — Le Provincialisme.

On me cherchera volontiers querelle, je le prévois, sur le sens nouveau que je veux attribuer à un mot qui, déjà, est en possession d'une acception généralement admise; et pourtant, je ne saurais renoncer à un dessein fondé, ce me semble, sur des raisons grammaticalement suffisantes.

Le *provincial,* c'est cet homme que tout le monde connaît et dont rit, tout haut ou tout bas, le Parisien pur sang, ou même l'étranger, qui, se sentant marri de n'avoir pas vu tous les jours de sa vie s'agiter sur sa tête les ailes des moulins de Montmartre, s'évertue à prendre ses degrés de *parisianisme.*

Et tenez! voici qu'il vient se placer sous ma plume le mot dont je voudrais faire agréer une acception nouvelle : il y vient tout naturellement, sous la forme et sous l'égide de son analogue, de son contraire en même temps. Celui-ci est tout neuf; mais sans l'avoir jamais vu, chacun le reconnaîtra, et personne ne sera tenté de lui refuser le droit de passe.

Parisianisme donc, et par suite *Provincialisme*.

Mais voici la difficulté : ce n'est pas à ce qu'on appelle communément les *provinciaux* que je veux avoir affaire aujourd'hui, c'est aux *hommes de la province,* aux hommes sérieux qui, comprenant l'importance des intérêts de la province, se dévouent à les servir, en aidant de tous leurs moyens à les arracher aux serres de la centralisation... de la centralisation intellectuelle, bien entendu! car il ne s'agit ici ni de centralisation, ni de province *administratives*. La première fournit un sujet de conversation trop... *polémique* pour que je me sente tenté d'en aborder l'étude ; et quant à la seconde, personne aujourd'hui n'aurait la pensée de me faire la sotte guerre que, malgré tout son esprit, M. de Salvandy faisait, sous Louis-Philippe, à quiconque osait prononcer les mots *Normandie*, *Aquitaine* ou *Bourgogne;* il était de mode alors, dans les hautes régions, — et la mode est parfois bien bête! — de tenir pour conspirateurs contre l'établissement de Juillet tous les euphonistes qui avaient le mauvais goût de préférer *Alsace* et *Bretagne* à *Ille-et-Vilaine* et à *Bas-Rhin*.

La *province* donc, ce n'est pas telle ou telle province nominale, tel ou tel groupe de départements; ce n'est pas même telle ou telle *région naturelle* (ce qui constituerait bien, en réalité, la meilleure de toutes les agrégations partielles dans la patrie commune) : c'est l'ensemble de toutes les provinces, de tous les départements, de toutes les régions qui, en dehors des barrières de la capitale, constituent la France; c'est, en un mot, la France entière, — sans en excepter Paris qui, lui aussi, forme une des provinces de la France et qui, s'il savait faire abstraction de la qualité de *capitale* qui lui est surajoutée, devrait, comme toutes les autres fractions de la patrie commune, avoir en propre ses intérêts provinciaux, son esprit provincial, cet ensemble enfin de sentiments, d'affections et de vie sociale, pour lequel je propose une appellation univoque... *le Provincialisme.* On m'accordera bien, je l'espère, que, de même que son adjectif, ce substantif puisse être employé sous deux acceptions différentes, et l'acception *doctrinale* ou *d'ensemble,* telle qu'elle est admise dans les mots *christianisme, patriotisme, cartésianisme, paupérisme, stoïcisme* et tant d'autres, répond de droit à l'adjectif *sérieux,* bien plus justement qu'à celui qu'on détourne de son sens propre pour lui en donner un dérisoire.

Le *Provincialisme* n'est point l'adversaire du *patriotisme;* il en est un diminutif et en même temps un élément intégrant, inséparable : c'est la partie dans le tout, un membre dans le corps, un des quartiers dans l'orange; donc, union filiale avec le tout, union fraternelle, intérêts communs avec ses semblables.

Le Provincialisme n'est pas précisément l'*esprit de clocher*. Il part du même principe sans doute, et tous deux sont bons également; mais la sphère d'activité du second est renfermée dans des limites fort étroites. Dans la paroisse, dans la commune, les intérêts se touchent tous, et le plus souvent se mêlent, se pénètrent, se confondent par tous les actes de la vie civile; c'est, philosophiquement parlant, une entité de degré supérieur il est vrai, mais à peine distincte, de la *famille* proprement dite.

Le Provincialisme, au contraire, a un champ plus vaste : les intérêts matériels et sociaux ne s'y touchent pas immédiatement, ils ont plus de jeu; et comme leur nombre leur communique plus de puissance, ils peuvent faire de plus grandes choses. Leur multiplicité et leur variété engendrent leurs complications, et, de plus, il y a entre eux des liens communs, si la province est *bien faite,* comme il y a, sur une plus large échelle, des liens communs entre toutes les provinces d'un même État, entre toutes les parties d'un même corps de nation.

Tous ces avantages se trouvent réunis, si, comme je l'ai dit, la province est *bien faite,* et elle le sera toujours, si les familles et les agrégations de familles qui la composent ont même origine depuis un temps qui touche aux limites de l'histoire, même langage, même religion, mêmes mœurs, mêmes productions naturelles à exploiter, et par conséquent mêmes intérêts; ce qui revient à dire que les régions naturelles sont, de toutes les limites, les plus tranchées et les meilleures.

Il y a, dans les anciennes dénominations locales, des délimitations qui sont absolument sans valeur, parce que leur aire est trop exiguë : le *Tursan,* le *Fronsadais,* le *Hurepoix, etc.* Les grandes aires : *Normandie, Lorraine, Provence,* signifiaient seules quelque chose, politiquement et administrativement parlant, et signifient beaucoup encore sous les rapports naturels et sociaux, les seuls dont l'organisation actuelle de la chose publique permette de s'occuper.

Donc, le *Tursan,* le *Marsan* et le *Gabardan,* comme l'*Armagnac* et l'*Astarac,* comme la *Saintonge* et l'*Aunis,* peuvent, sans aucun dommage appréciable aujourd'hui, se confondre dans une même dénomination; mais ce seraient toujours des provinces *mal faites* que celles qui réuniraient la *Saintonge* et le *Bordelais,* la *Normandie* et la *Bretagne,* la *Touraine* et le *Poitou,* parce que leur union n'aurait de racines ni dans le sol, ni dans les habitants.

Il se trouve parfois des irrégularités de distribution pour ainsi dire nécessitées par l'existence de quelques grandes cités appelées par leur importance à devenir d'emblée des *centres* provinciaux, et un long usage a fini par faire plier chacun sous ce joug originairement mal placé, en sorte qu'on ne s'aperçoit plus de ce que la distribution a d'irrégulier et de peu naturel.

Nous en avons sous les yeux un exemple remarquable. Rien de plus naturel, comme grande région, que ce que nous appelons maintenant le sud-ouest de la France, car c'est le bassin hydrographique de la Garonne; — et Bordeaux, de droit incontesté et immémorial, en est la capitale. Mais, dans cette même région, s'élève une autre ville, reine et capitale comme Bordeaux depuis les temps antiques : c'est Toulouse ; — et Toulouse, ne pouvant entamer le droit inaliénable de Bordeaux, — Toulouse, trouvant à côté d'elle le trône laissé vide par Narbonne, et qu'aucune rivale n'oserait désormais lui disputer, — Toulouse a chassé légèrement sur ses ancres, et est sortie du Sud-Ouest auquel elle appartient, pour aller s'asseoir sur ce trône du Midi auquel elle n'appartient pas.

Eh bien ! Toulouse, reine du Midi, comme ces fiancées royales qui s'éloignent de leur mère pour aller chercher une autre patrie, Toulouse voit depuis des siècles graviter autour d'elle les anciennes peuplades — cités actuelles — que leur voisinage soumet forcément à son influence, et toutes celles qui, privées de centre commun, constituent le vrai Midi de notre belle France. Sa sphère d'activité finit où commence celle de Marseille, et expire, comme la nôtre, au pied du plateau central.

Pardonnez-moi cette digression, Messieurs; elle a pour but de montrer qu'il n'y a rien de positivement absolu dans les délimitations régionales : elles conserveront toujours des *marches,* des bavures, qui serviront de traits d'union persistants entre des divisions originairement factices. *Distinction* et pourtant *union,* tels sont les deux caractères indélébiles que les grandes divisions du territoire de la commune patrie offrent aux regards de la philosophie sociale.

Il faudrait tout un livre — et ce livre ne serait pas des moins intéressants — pour dérouler tous les détails de la constitution intime et des effets pratiques du *Provincialisme*, qui repose sur les éléments dont je viens de donner un exposé sommaire. Je n'entrerai pas plus avant dans ce curieux sujet, et j'admettrai, comme un fait senti plutôt qu'analysé par tout le monde, l'existence — et je dirai hardiment l'existence *providentielle* — d'un véritable *esprit provincial* vivace dans tous les cœurs, comme l'amour de la patrie, dont il est plutôt un abrégé qu'une fraction. Parfois il s'assoupit, — ou plutôt parfois on l'oublie; mais toujours il se réveille à certains appels de natures bien diverses..., et j'avoue, non sans rougir pour notre pauvre humanité, que la voix des intérêts est bien souvent celle qui l'arrache le mieux au sommeil.

Les populations qui conservent le plus d'esprit provincial ne sont pas toujours celles qui le proclament le plus haut, ou même qui s'aperçoivent le mieux de l'influence que ce sentiment exerce sur elles. Dites aux Bordelais, par exemple, qu'ils ont à un degré notable l'esprit provincial. Vous les étonnerez, et peut-être répondront-ils par une sorte de dénégation dubitative, qui ne viendra pas précisément de leur modestie, mais du défaut d'analyse de leurs sentiments et de ses mobiles.

Et moi, je dis, — et c'est de tout cœur que je les en loue, — que l'esprit provincial est très développé chez les habitants de notre Guienne.

Le commerce maritime, la vigne et ses produits, ne sont-ce pas là les deux grands objets qui centralisent, de la part des masses, tous les efforts de l'intelligence, de l'activité et des capitaux? Mais pourquoi cela? Parce que ces deux choses ont, de temps immémorial, occupé notre population, et que, par sa position géographique comme par les aptitudes du sol qu'elle cultive, ces deux buts sont ceux qu'elle atteint le mieux, — qu'elle atteint mieux que la plupart des autres provinces. L'esprit provincial, chez nous, consiste, en ce qui tient aux intérêts, à s'attacher de préférence à ces deux buts, à s'y attacher avec plaisir, avec orgueil, et à se préférer soi-même aux autres sous ces deux points de vue. Cette préférence va quelquefois peut-être jusqu'à de petits excès, jusqu'à de petites illusions. De même que, dans l'enfance des sciences physiques, plusieurs peuples ont pris le pays qu'ils habitaient pour le centre de la terre, de même aussi, pour les habitants de la Guienne, non-seulement les vins de Bordeaux seront les meilleurs et les plus hygiéniques du monde entier, mais encore le climat qui les fait si bons sera meurtrier pour ceux qui leur font de plus près concurrence; et faire venir à Bordeaux un panier de Bourgogne, c'est le condamner à la détérioration immédiate de ce que son contenu pouvait avoir de valeur. En Saintonge, climat bien voisin du nôtre, mais sous le régime duquel — et pour cause — les dons de Bacchus se tiennent dans un rang plus modeste, — en Saintonge, on fait venir du Bordeaux, parce qu'il est bon; du Bourgogne aussi, par le même motif..., et rien ne s'y gâte. On y boit tout, même, à l'ordinaire, le vin du crû..., à force de provincialisme!

J'ai besoin d'être excusé, Messieurs, pour la minceur de ces détails; mais vous y verrez comme moi un indice révélateur de l'esprit de province, et ce bon et honnête sentiment trouvera toujours grâce devant vous.

En effet, vous êtes tous Bordelais, Messieurs, Bordelais par nature ou par adoption, et votre Compagnie n'a pas failli à la franche expression d'une des nuances les plus élevées du provincialisme pris dans son sens le plus large.

Elle est revêtue de la dignité de premier Corps savant de l'Aquitaine; elle doit se sentir, et se sent *Cour souveraine.* Elle n'a pas oublié comment parlent les grands magistrats auxquels est confiée la dignité des Cours de cet ordre; et lorsque Paris vous a demandé de *concourir* pour recevoir de ses mains une récompense matérielle des travaux que vous accomplissez comme Corps constitué, vous avez répondu : « L'Académie décerne des médailles, et ne concourt pas pour en obtenir. »

Vous êtes Bordelais, et vous aimez la splendeur de notre belle cité. Vous travaillez à son éclat matériel d'aussi bon cœur qu'à son illustration intellectuelle. Vous consentez qu'on l'admire, qu'on la jalouse même; mais vous ne voulez pas que, par votre faute, il lui reste à envier quelque chose à ses sœurs.

Et pourquoi me priverais-je de citer une preuve de plus de l'esprit provincial qui règne à Bordeaux? Ce sera me répéter; mais se répéter pour remercier une fois de plus, c'est une jouissance trop attrayante pour que je sache m'y refuser. Lorsque, après de longues réflexions, Bordeaux prit la détermination d'appeler dans son sein le Congrès scientifique de France, les représentants de la cité se souvinrent du rang qu'elle occupe en France, et comprirent qu'il était de sa gloire que cette solennité laissât des traces, non-seulement aussi durables, mais encore plus profondes qu'ailleurs, et le Corps de ville mit aux mains des ouvriers, à deux reprises différentes, les moyens d'achever l'édifice qui doit en conserver le souvenir.

Messieurs, laissez-moi faire honneur au Provincialisme de cette volonté persévérante qui ne laisse rien d'inachevé dans ce qu'entreprend la capitale de l'Aquitaine!

II. — Les Inconséquents.

Encore une fois, Messieurs, le Provincialisme est *un* dans sa nature, mais il est *double* dans son application et dans sa forme. Il s'exerce en faveur de la région où le citoyen est appelé à vivre, et c'est alors le provincialisme *local;* il s'exerce aussi en faveur de l'intérêt commun de toutes les provinces à la fois, et c'est alors *l'esprit de province* dans son acception la plus large et la plus haute.

C'est uniquement de celui-ci que je veux esquisser aujourd'hui les devoirs, en montrant comment il arrive le plus souvent qu'on y manque.

On y manque sans mauvais vouloir arrêté, et par là même on prend place parmi *les inconséquents*.

Qu'est-ce donc que cette tribu des *Inconséquents?* Un homme de sens, de cœur et d'esprit, M. Paul Gariel, a eu le courage et le talent de le dire d'une façon à la fois ferme et saisissante, l'an dernier, dans un recueil [la *France littéraire* (¹)] qui s'imprime à Lyon, et auquel les principes irréprochables et les tendances souverainement honnêtes de ses rédacteurs assurent une profonde estime.

Loin de moi le désir ambitieux de refaire l'excellent travail de M. Gariel, auquel, dans ce second paragraphe, je veux seulement emprunter son titre, dont aucun autre mot ne saurait reproduire la justesse. M. Gariel attaque *l'inconséquence* sous ses rapports les plus graves, sous ses rapports moraux; et je me borne, sans le copier, à indiquer, comme exemples, quelques-uns des points généraux sur lesquels a dû s'exercer sa critique vigoureuse et sévère, mais qui ne frappe que pour guérir.

Dans une lecture académique, et dont le sujet spécial est

(¹) 8ᵉ année, livraison n° 4, 17 octobre 1863, p. 35-37.

autre et beaucoup plus restreint, on ne peut aborder des matières si délicates, qu'en se réduisant à dire au plus la centième partie de ce qu'on pense; ainsi ferai-je, et dans le seul dessein d'établir le sens précis de la qualification d'*Inconséquents*.

Les Inconséquents, au point de vue moral, ce sont ceux qui, voulant arriver à connaître la vérité sous quelque rapport que ce soit, iraient s'en enquérir auprès d'auteurs qui, notoirement, ne l'ont pas étudiée, — d'auteurs légers, ignorants, convaincus de mensonges ou d'erreurs sur des points importants, — d'auteurs pour qui la conscience, en toutes choses, n'est qu'un vain mot, — et, s'il s'agit de vérités morales, d'auteurs tarés, mésestimables sous le rapport moral.

Les Inconséquents, ce sont ceux qui, — pour ce qui ne les concerne pas, — retournant comme un gant l'axiome de Proudhon et fondant le droit de la propriété sur le fait du vol, s'en vont proclamant, sous le nom de droit *nouveau*, la doctrine du fait *accompli*, — et qui ont l'injuste cruauté de traduire en justice un pauvre diable de filou, quand c'est leur propre montre ou leur porte-monnaie qu'il a réussi à faire passer de leur poche dans la sienne. Ces gens-là, encore une fois, ne sont pas conséquents; et Sparte l'était, quand elle applaudit un enfant qui, le sourire sur les lèvres, se laissait manger le ventre par un renard volé.

Les Inconséquents, ce sont les hommes qui veulent que leur famille et leurs gens soient honnêtes, et qui leur donnent l'exemple de l'inconduite, de l'improbité, de l'indélicatesse et des profits véreux.

Les Inconséquents, ce sont les hommes qui veulent que leurs femmes remplissent tous leurs devoirs d'épouses, de mères, de bonnes ménagères, et les laissent se rendre folles, — les exposent à devenir pis encore, — en dévorant, *pour se distraire,* les romans infâmes, les livres corrupteurs qu'on écrit aujourd'hui *tout exprès* (et quelques-uns l'osent avouer) pour produire la dissolution de la famille et la destruction de la société.

Les Inconséquents, ce sont les hommes qui veulent que leurs filles ne se marient que le jour de leur mariage, et qui leur font fréquenter les théâtres tels qu'ils sont *tous* aujourd'hui, et certaines assemblées telles qu'elles sont trop souvent.

Les Inconséquents, ce sont les pères qui veulent se voir remplacer par des fils laborieux, par des hommes sérieux et utiles à la société, et qui les laissent vaguer en liberté sous les livrées de la fainéantise ennuyée, et perdre leur temps, les forces de leur esprit et de leur corps, leur dignité, leur argent, dans les réunions où l'on ne fait rien quand on n'y fait pas le mal.

Les Inconséquents enfin, ce sont ceux qui veulent être honorés, qui s'indignent si l'on semble les dédaigner, et qui, s'abandonnant au torrent de l'abaissement des caractères et ne se contentant pas d'une obéissance honnête et digne, se prosternent devant un fétu, pourvu que ce fétu soit une râclure d'un signe quelconque de pouvoir.

Ces exemples suffisent pour faire pressentir ce que je veux dire aux Inconséquents *en matière de provincialisme.* Comme ceux dont je viens de parler à un point de vue plus élevé, ce sont gens qui veulent une chose, et font précisément ce qu'il faut pour que cette chose ne soit pas. Il ne serait pas juste d'attaquer le fond des intentions; on serait exposé bien souvent à les calomnier, car il est dans la nature même de l'homme de s'attacher à la localité où il passe sa vie, et de désirer par conséquent que la prospérité y règne; mais l'inconséquence est là, la main pleine de bandeaux qu'elle jette à profusion sur les yeux des hommes inattentifs.

Écoutez, Messieurs, je vous prie, cette courte et simple histoire :

« Je me présentai dernièrement, dit M. de Caumont dans
» une publication toute récente, je me présentai dans un
» chef-lieu, chez l'éditeur des Mémoires d'une des Sociétés
» archéologiques les plus connues, pour demander le dernier
» volume publié par cette Compagnie, qui a son siége dans
» la ville même, et voici textuellement la réponse qui me
» fut faite : *Veuillez repasser : l'ouvrage est au grenier;*
» *nous ne pouvons aujourd'hui descendre l'exemplaire que*
» *vous désirez, mais demain vous l'aurez.* — Ce volume
» était au grenier, continue M. de Caumont, dans la propre
» ville où il avait été imprimé, parce qu'il fallait encombrer
» les montres et la boutique de toutes les publications roses
» et bleues de Paris! Voilà ce qui montre combien le senti-
» ment moral est malade, s'il n'est pas mort. »

Vous le voyez, Messieurs, ce fait en lui-même est bien minime; mais il est *gros* de tous les reproches que nous devons aux Inconséquents, et aussi de tous les devoirs d'un Provincialisme bien entendu.

Parmi les hommes de labeur intellectuel, tous ceux-là sont des Inconséquents, qui, hors de leurs devoirs professionnels et de certaines attaches académiques qui deviennent aussi pour eux d'obligation ou d'étroite convenance, font imprimer leurs travaux à Paris, lorsque la localité qu'ils habitent leur offre les moyens de le faire d'une manière satisfaisante. L'amour-propre y peut parfois perdre quelque chose; mais en thèse générale, ce ne sera que pour un temps. L'industrie s'est bien *faite* en France depuis quelques années! On fait aujourd'hui ce qu'on ne pouvait faire il y a dix ans, et l'on pourra dans dix ans ce qu'on ne peut aujourd'hui. On dit que le plus habile imprimeur de France est à Lyon; je crois que c'est injuste, et que l'imprimerie impériale conserve son rang, — le rang qu'*elle doit* avoir; mais cela prouve à quel point l'industrie typographique a étendu ses perfectionnements dans les provinces. Voulez-vous donc la faire mourir dans la vôtre, vous qui l'alimentez, de propos délibéré, ailleurs que chez vous?

Inconséquents, — je l'ai dit ailleurs, — Inconséquents les imprimeurs de province qui, peu soucieux de leur dignité personnelle et de l'honneur de leur profession en province, vendent *à Paris* le droit de s'arroger la paternité d'un travail assez bien fait pour qu'il ne dédaigne pas de le prendre sous son nom!

Inconséquents, les auteurs qui, sans priver leur province du profit matériel de leurs impressions, les livrent à un éditeur de Paris, afin que la tache originelle de la province soit cachée par un chiffon de papier, et que les imbéciles, accordant au livre leur estime *préjudicielle,* répugnent moins à bourse délier pour l'avoir. Oh! je le dis bien sincèrement, ces auteurs-là sont les plus coupables de tous. C'est la richesse, la gloire, la vie même des provinces qu'ils sapent directement, pour en escompter l'honneur et le profit que, tôt ou tard, ils retireraient de leurs travaux, s'ils aidaient avec persévérance à tenir haut et ferme le drapeau provincial.

Inconséquents, les hommes riches qui veulent orner leur demeure d'une bibliothèque imposante, et ne recherchent pas, pour encourager celles qui sont bonnes, les publications faites en province.

Inconséquents, les hommes d'élégance et de luxe, qui ont leurs tailleurs, leurs orfèvres et leurs tapissiers attitrés à Paris.

Inconséquents, ceux qui portent de l'or à Paris pour l'échanger contre des objets d'art, et qui font si difficilement de plus légers sacrifices pour faire éclore l'art en province, et lui permettre d'y puiser un cachet local par lequel il soit soustrait aux envahissements persévérants de l'uniformité.

Il faut que je m'arrête, Messieurs. Je n'ai touché pourtant qu'à un bien petit nombre des fautes qu'on commet chaque jour contre l'esprit de province; je n'ai laissé qu'entrevoir la multiplicité des devoirs qu'il impose; je me suis renfermé, — demeurant bien loin encore de les embrasser tous, — dans le cercle tout spécial des objets qui préoccupent le plus constamment les Académies : *travail intellectuel, beaux-arts, industrie;* mais à qui parle devant vous, Messieurs, une esquisse suffit.

Gardons-nous donc de l'inconséquence en matière de provincialisme, et que ce soit là pour nous une préoccupation de chaque jour; que ce soit pour nous comme un intérêt personnel. Hélas! celui-là ne s'oublie jamais; il se sacrifie à lui-même jusqu'à son propre orgueil!

Voyez nos Expositions bordelaises d'industrie, de peinture, d'horticulture! Si vous écoutez Paris, la province n'est bonne à rien qu'à fournir la matière première toute brute. Et pourtant, lorsque vous ouvrez à la concurrence des locaux comparativement bien modestes, vous voyez Paris déployer, pour tenter vos bourses, toutes les séductions de sa main-d'œuvre; Paris vous envoie des machines, des reliures, des fruits, des sculptures, des aliments, des objets d'art, des tableaux, des vêtements, des fleurs, et jusqu'à des poules!

Et supposez maintenant que la province vînt à bouder contre Paris avec quelque persévérance : n'est-il pas vrai que les Expositions parisiennes perdraient beaucoup en richesse, en intérêt, en variété?

Ah! Messieurs, soyons justes envers nous-mêmes, sans jamais être injustes envers autrui! Paris est grand, Paris est nécessaire; mais la province est grande et nécessaire aussi.

Ne disputons pas sur la masse, mais ne disputons pas non plus sur l'intelligence qui en dirige les mouvements. Il y a de tout cela des deux parts. Comparé à Paris, Bordeaux est un village; comparé à la France, Paris est un point. La tête aussi est peu de chose auprès du corps, mais celui-ci renferme le cœur. Laissez-les réunis par les tissus, illuminés par l'âme, et vous avez un homme; la tête ici, là le corps, vous n'avez plus que des débris informes et sans vie, *disjuncta membra...*

Conservons donc, Messieurs, l'esprit provincial, et tenons haut sa bannière; ne la courbons jamais devant celle de la capitale, car la vérité et la justice disent d'une commune voix que la province et la capitale sont également nécessaires à la force et à la gloire de la France!

Ici, Messieurs, en tant que tribut académique, ma lecture est terminée. Je voudrais cependant qu'il en ressortît quelque utilité pratique en faveur de la cause que j'ai tenté de défendre. Si mes réflexions vous ont semblé justes et opportunes, daignez leur donner une sanction. Celle que j'ambitionne n'est pas en elle-même d'une grande importance; mais à force de petites pierres, on fait fort bien de grands murs.

Il est un intérêt auquel les Sociétés savantes ne sauraient demeurer insensibles : c'est celui de la divulgation de leurs propres travaux. Les Sociétés de province ne sont pas, sous ce rapport, en possession d'un état bien prospère, et il est juste qu'elles cherchent à l'améliorer.

En accroissant la somme de publicité de leurs œuvres, elles n'obéissent pas seulement au mobile d'un amour-propre légitime, mais après tout personnel; elles répandent la connaissance de travaux ordinairement bons à connaître, souvent utiles, parfois éminents; elles encouragent l'esprit provincial; elles se préparent des relations nouvelles, et resserrent l'union des provinces entre elles; elles portent ainsi leur pierre à la grande œuvre du Provincialisme, qui doit s'asseoir sur une large brèche de la centralisation intellectuelle, et qui, Dieu aidant, finira par conquérir cette place.

Je désirerais que la Compagnie renvoyât à l'examen de son Conseil d'administration la question suivante :

« Ne serait-il pas à propos que le tirage des *Actes de*
» *l'Académie* fût accru d'un certain nombre d'exemplaires,
» — de *cinquante* par exemple, — lesquels seraient adressés
» à des bibliothèques publiques et à des Compagnies labo-
» rieuses que nous n'avons pas encore le plaisir de compter
» au nombre de nos correspondantes?

» Ce surcroît de dépenses serait peu considérable et peu
» à charge aux finances de l'Académie. Ne fût-il pas accom-
» pagné de l'espoir d'un retour équivalent, il aurait l'avantage
» réel d'attirer de plus en plus les regards des hommes
» studieux sur les travaux qui s'accomplissent dans le centre
» intellectuel de notre Sud-Ouest, et cette mesure aurait,
» pour nous-mêmes, un bon effet, — celui de nous exciter
» à faire plus, et s'il nous est possible, mieux encore que nous
» ne faisons. »

Tel est le vœu qui, approuvé et amendé, s'il y a lieu, par le Conseil, obtiendrait l'honneur d'être proposé au vote de la Compagnie (¹).

(¹) L'Académie a pris en considération la demande finale de l'honorable Membre, et a voté l'envoi des *Actes* à quelques Sociétés savantes et à d'importantes Bibliothèques, auxquelles ils n'avaient pas encore été adressés.

Extrait des *Actes de l'Académie Impériale des Sciences, Belles-Lettres et Arts de Bordeaux*
2ᵉ trimestre 1864.

Des Moulins, Charles
Du provincialisme et des

www.ingramcontent.com/pod-product-compliance
Lightning Source LLC
Chambersburg PA
CBHW061523040426
42450CB00008B/1765